Deutschland in alten Ansichtskarten

Waiblingen

Waiblingen
in alten Ansichtskarten

Herausgegeben von
Wilhelm Glässner

mit einem Vorwort von
Otto Heuschele

FLECHSIG VERLAG FRANKFURT AM MAIN

Umschlagmotiv: Marktplatz

Alle Rechte vorbehalten
© 1979 by Flechsig Verlag, Frankfurt am Main
Gesamtherstellung: Decker & Wilhelm, Heusenstamm
Printed in Germany
ISBN 3 88189 092 0

Waiblingen in alten Ansichtskarten

In den letzten Jahren wurde oft mit Sorge von dem schwindenden Geschichtsbewußtsein, vor allem bei jüngeren Menschen, gesprochen. Erfreulicherweise gibt es indessen Anzeichen, daß sich hier ein Wandel vollzieht. Museen und Ausstellungen, die uns die Vergangenheit ins Bewußtsein rufen, werden mehr als je gerade auch von jüngeren Generationen besucht. Vielfach entwickelt sich auch eine Sammelleidenschaft, die sich um die Vergangenheit bemüht dort, wo sie in Form von Dokumenten erscheint. Zu diesen zählen neuerdings alte Ansichtskarten.

Die Stadt Waiblingen, der dieser Band mit Karten vor allem aus dem ersten Drittel unseres Jahrhunderts gewidmet ist, kann auf eine lange und bewegte Geschichte zurückblicken. Der Name, der auf den alemannischen Sippennamen Wabilo zurückzuführen ist, taucht zum ersten Mal in einer Urkunde auf, die der Karolingerkaiser Karl III. (der Dicke) im Jahre 885 in seiner Pfalz zu Waiblingen unterzeichnet hat. Von dieser Zeit ab wird Waiblingen immer wieder in Zusammenhang mit der Reichsgeschichte, vor allem der Stauferzeit, später in Verbindung mit der Geschichte des Hauses Württemberg genannt. Der schwerste Tag in seiner Vergangenheit war ohne Zweifel der 7. September 1634, als Kaiserliche Truppen nach der Schlacht bei Nördlingen die Stadt plünderten und völlig niederbrannten.

Die alten Bauten, denen wir auf unseren Karten immer wieder begegnen: der Hochwachtturm, der Beinsteiner Torturm, die Michaelskirche, das Nonnenkirchlein, die erhaltenen Reste der Stadtmauer, der Wehrgang sprechen von dieser Vergangenheit. Auf den Gesamtansichten erscheint die Stadt wie sie zu Ende des 19. Jahrhunderts in der Landschaft lag. Damals war sie noch wenig über die alten Stadtkern aus der Zeit nach dem Wiederaufbau hinausgewachsen. Sanft aufsteigend aus der Remstalaue bis zur Höhe des Hochwachtturms, liegt sie in einer noch unberührten Landschaft. Äcker, Wiesen, Baumgüter und Gärten deuten auf Landwirtschaft, Acker- und Gartenbau hin, Handwerk und kleine Fabrikbetriebe beschäftigen den Rest der Einwohner. Der Lehmboden, den schon die Römer für ihre Töpfereien zu schätzen wußten, bildete früh die Voraussetzung für Dampfziegelwerke. Zu diesen gesellten sich im Laufe der Jahre eine Seidenstoffweberei, holzverarbeitende Betriebe, eine Fabrik, die Brustkaramellen und Fliegenfänger herstellte.

Es ist eine kleine Stadt, durch die wir bei Betrachtung

der Karten geführt werden. Den Marktplatz säumen schöne alte Häuser, darunter das ehemalige Oberamtsgerichtsgebäude, das stilvolle alte Rathaus, ein Marktbrunnen und das erste nach der Zerstörung wieder aufgebaute Haus, ein anderes, in dem Kaspar Schiller, ein Ahne des Dichters, von 1643 ab wohnte. Es waren stille und ruhige Zeiten vor dem Ersten Weltkrieg. Durch die Innenstadt zogen dann und wann noch Schafherden und Kuhfuhrwerke. In den Randgebieten finden wir gleichförmige Ein- und Zweifamilienhäuser, da und dort steht in einem Garten eine Jugendstilvilla, ein neues Postamt deutet auf den Aufschwung des Geschäftslebens hin. Vieles verrät die fröhliche Volksmenge, die 1902 an der Weihe einer neuen Volksschule neben der Michaelskirche teilnahm. Das Vereinshaus bot in den Jahrzehnten Raum für das damals bescheidene kulturelle Leben der Stadt. Nicht zu übersehen bleibt das »Kath. Notkirchlein«, in dem die zu jener Zeit sehr kleine katholische Gemeinde sich zum Gottesdienst versammelte.

Der Erste Weltkrieg, an dem viele Männer der Stadt teilnahmen und 246 ihr Leben opferten, unterbrach die stete Entwicklung der Gemeinde. Nach Kriegsende und Überwindung der Inflation begann eine raschere Entwicklung, die aber durch die Arbeitslosigkeit zu Ende der zwanziger Jahre wieder ins Stocken geriet. Immerhin konnte 1929 noch das neue Kreiskrankenhaus, der Döckerbau, vollendet werden. Sein Stil, der weit über Württemberg hinaus Beachtung fand, deutete auf eine zukünftige Entwicklung der Architektur. Inzwischen war die Zahl der Einwohner auf 8000 gestiegen.

Solche Ansichtskarten, die einst mit wenig Geleitworten an Verwandte und Freunde geschickt wurden, verraten uns viel über die Atmosphäre dieser kleinen Stadt. Hinter der Idylle, die auf vielen Bildern erscheint, stand ein Leben mit seinen Sorgen und Nöten, freilich auch mit dem stillen Glück und den kleinen Freuden, die die Menschen damals zu schätzen wußten. Die meist bescheidenen Einfamilienhäuser, die kurz vor und nach dem Ersten Weltkrieg in den Randbezirken gebaut wurden, zeugen für die bürgerliche Sparsamkeit, die das Leben noch prägte. Wer heute an Hand dieser Karten durch die Stadt geht, wird manches unverändert finden, anderes wird er vergebens suchen, das Leben ist in Form von Umbauten darüber hinweggegangen. Dankbar aber wollen wir sein, daß uns die Schrecken des Zweiten Weltkriegs, die so viele ältere Städte heimgesucht haben, erspart blieben. Das sollte uns aber auch verpflichten, das Überkommene, soweit es Zeugnis für die Geschichte abzulegen vermag, mit Sorgfalt zu erhalten.

Otto Heuschele

Ansichtskarten sind historische Bilddokumente

Erst kurz vor der Jahrhundertwende entstanden die ersten Ansichtskarten von dem kleinen, rd. 5000 Einwohner zählenden Oberamtsstädtchen Waiblingen. Die ältesten erhaltenen Karten tragen die Poststempel von 1897 bis 1899. Das vorliegende Album ist auf die Zeit von 1898 bis etwa 1938 begrenzt. Ab der Wirtschaftskrise um 1930 hat sich kaum etwas verändert, und ab 1933 entstanden nur Wohnsiedlungen am Stadtrand.

Die ältesten Karten sind meistens auf der Bildseite beschrieben, da sie zunächst nur als Grußkarten gedacht waren. Erst 1905/06 wurde die postalische Seite halbiert und die linke Hälfte für Mitteilungen freigegeben. Ansichtskarten sandte man in die Fremde, der Freundin, dem Freund oder Verwandten. Deshalb findet man im Absendeort nur schwer lokale Ansichtskarten.

Die Vorlagen für dieses Album wurden vorwiegend der Archivsammlung entnommen, die aus einer persönlichen Sammlung entstanden ist und über 200 Karten umfaßt. Hier sei all denen Dank gesagt, die im Laufe der Jahre die Sammlung bereichert haben. Der Philatelist Gerhard Kugelmann, der eine Privatsammlung von etwa 100 Karten besitzt, stellte etwa 20 Karten, vor allem aus der Frühzeit, freundlicherweise zur Verfügung.

Die Archivsammlung entstand nicht aus einem Sammlerhobby. Schon vor zwei Jahrzehnten erkannte der Herausgeber die Bedeutung der Ansichtskarte als historisches Bilddokument. Beim intensiven Betrachten und Vergleichen wird man überrascht, wie sehr sich das Stadtbild in den letzten Jahrzehnten verändert hat, – und dies ohne gewaltsame Zerstörungen durch Kriegseinwirkungen. Man nimmt gewöhnlich die neuen Wohnsiedlungen, die neuen Geschäfts- und Verwaltungsbauten wahr, übersieht aber die laufenden Veränderungen der alten Bausubstanzen – auch wenn man in der Stadt aufgewachsen ist oder in ihr seit Jahrzehnten lebt.

Bei der Auswahl der Karten mußten zunächst die Qualität und der Zustand des Originals berücksichtigt werden. Dann wurden Ansichten bevorzugt, auf denen sich die Objekte verändert haben. Manchmal können sogar verschiedene Stufen gezeigt werden. Die Auswahl der farbigen Drucke mußte sich nach der Drucktechnik richten. Leider gibt es von manchen schönen Partien keine Ansichten. Dagegen haben sich die frühen Verleger immer auf dieselben Motive beschränkt.

Der Serie sind die ältesten Ansichtskarten vorangestellt. Zunächst lieferten unbekannte Künstler, dann aber Fotografen die Vorlagen. Besonders beliebt waren die Mehrbildkarten mit reichen Verzierungen; man wollte möglichst viele schöne Motive zeigen. Dann bevorzugte man die Ein-Bildkarte. Die Karten spiegeln auch den Wandel in der Drucktechnik. Die Zwanzigerjahre brachten »Echte Photos« und die ersten Luftaufnahmen. Die ansässigen Fotografen verkauften Postkarten von Naturereignissen, wie Brände und Hochwasser, oder auch Vereinsaufnahmen. Die Lokalpresse veröffentlichte zu dieser Zeit noch keine Bilder vom Tagesgeschehen.

Der Rundgang beginnt am Rathausplatz, dem Mittelpunkt der Stadt und Sitz der Stadt- und Bezirksverwaltung. Der Weg führt über den Marktplatz zum Beinsteiner Torturm, den Mauergang entlang und von der Nikolauskirche zum Hochwachtturm. Von den übrigen Teilen der Altstadt gab es keine Karten. Von der »Fuggerei« geht es über den Graben zum Postplatz, die Bahnhofstraße aufwärts zum Bahnhof. Über die Industriebetriebe erreichen wir die Rems und an dieser entlang wieder den Beinsteiner Torturm. Von dort geht es hinaus zur »Schäferkreuzung«. Zum Abschluß besuchen wir die fünf eingegliederten Ortschaften.

Die Bildunterschriften sind durch historische, bau- und kulturgeschichtliche Angaben bereichert, die meistens bei stadtgeschichtlichen Abhandlungen nicht erscheinen. Das mühsame Zusammentragen bedeutet gleichzeitig ein Aufarbeiten von manchem Vergessenen. Ohne die Hinweise auf die heutigen Verhältnisse könnten die Beschauer viele Motive nicht mehr einordnen. So wurde das Album ein historisches Bilderbuch, eine kleine bebilderte Heimatkunde.

Das Album wird bei den älteren Waiblingern in nah und fern viele Erinnerungen wecken. Die nachfolgenden Generationen sind sicher über die umfangreichen Veränderungen in der Stadt überrascht. Sicher wird das Album die Verantwortlichen zum Nachdenken anregen. Mögen die alten Ansichtskarten von »Alt-Waiblingen« allen so viel Freude bereiten wie dem Herausgeber!

Wilhelm Glässner

Bildverzeichnis

Altes Rathaus	27–29
Amtsgericht	27, 62, 63
Bad Neustädtle	95
Bädertörlein	32, 37
Bahnhof	15, 18, 66, 67
Bahnhofstraße	57–64, 83
Beinstein	89
Beinsteiner Torturm	13, 14, 17, 33, 79, 80
Bittenfeld	90, 91
Christuskirche	42
Dekanatsgarten	31
Fabriken	60, 68–71
Feuerwehr	82
Feuerwehrgerätehaus	25
Forstamt	87
Freibad	73
Fuggerstraße	39, 63
Gasthäuser	15, 16, 26, 33, 43, 56, 66, 68, 80
Gesamtansichten	11, 14, 16, 20, 21
Grabenstraße	40
Hadergasse	43
Hegnach	92
Hochwachtturm	13, 38, 40
Hochwasser	74, 75
Hohenacker	93
Karzer	12
Kath. Kirche	39, 64
Kelter	82
Kinderheim	65
Kinderschule	30
Kirchen	12, 13, 19, 26
Kleiner Kasten	30
Krankenhaus	84, 86
Kriegerdenkmal	46
Kurze Straße	26, 30, 31
Lange Straße	33, 43, 75
Latein- und Realschule	52, 55
Luftbild	88
Luisensteg	72
Luisenanlage	45, 46, 72
Männergesangverein	53
Marktbrunnen	29, 30
Marktplatz	27–29
Mauergang	31, 32
Mauerschule	31, 34
Michaelskirche	18, 44, 45, 48, 49
Mühlkanal	34, 37, 78
Musikverein	54

Neustadt	94, 95	Sachsenheimer Gasse	37
Nikolauskirche	22–24, 35, 36, 76, 77	Schillerhäuser	27, 91
Nonnenkirchlein	48, 49	Schorndorfer Straße	45, 47, 55
Oberamt	22, 23, 76	Stadtmauerpartien	34, 35
Obere Apotheke	24	Teilansichten	12, 13, 18, 45, 55, 66, 83, 84, 86
Ortschaften	89–95	Trauerzug	47
Postamt	58, 59	Turnhalle	52, 53, 83
Postplatz	14, 15, 18, 56	Untere Apotheke	30
Rathaus (1875)	22, 23, 35, 76	Vereinshaus	41
Rathausplatz	22, 23	Villa Hess	18, 57
Remsbrücken	33, 80, 81, 83	Volksschule	45, 49–51
Remslandschaft	74	Wehranlage	13, 32, 37
Remspartien	15, 17, 76, 77, 79, 83	Weingärtnervorstadt	79
Rotes Kreuz	47, 63, 85	Zehnthofbrunnen	38

Waiblingen von Norden (ca. 1900). Für die ersten Lithographien (Steindrucke) standen nur Zeichnungen zur Verfügung. Der Künstler hat den Schurwald im Hintergrund zu nahe an die Remsbahn herangerückt. Die Hanglage der Stadt über der Rems ist erkennbar. Im Hintergrund sind die Ziegeleien am Bahnhof angedeutet.

Gruß aus Waiblingen (1898) mit drei Einzelmotiven. Trotz der primitiven Darstellungen hat der Künstler das Wesentliche erfaßt. Teilansicht von Michaelskirche bis Rathaus – Stadtmauer mit Verstärkungsturm, dem Karzer unter der Nikolauskirche – Aufgang bei der Nikolauskirche.

12

Der Künstler vereinigt acht Motive seiner Gemälde (vor 1916). Vielleicht ist die Sammlung im damaligen Lazarett entstanden. Dem Stadtwappen mit den drei württembergischen Hirschstangen ist der Reichsadler gegenübergestellt in der oft irrtümlichen Annahme, Waiblingen sei eine Reichsstadt gewesen.

13

Die frühen Postkarten geben meistens mehrere Motive wieder, um möglichst viel von der Stadt zu zeigen; oben: eine Gesamtansicht von Nordosten, unten: Beinsteiner Torturm. Am Postplatz trafen die Straßen aus Stuttgart und Schorndorf, vom Bahnhof und aus der Stadt zusammen (seit 1959: Alter Postplatz).

14

Eine der frühesten Ansichtskarten (1903). Liebevoll wurden von einer Frankfurter Kunstanstalt die Motive in ein vierblättriges Kleeblatt eingesetzt. Die Darstellungen scheinen eine Mischung von Fotografie und Zeichnung zu sein.

15

Gasthaus z. Pflug
v. H. BUHL.

Gruß aus Waiblingen (1900). Viele Gaststätten hatten ihre eigenen Postkarten mit zusätzlichen Stadtmotiven; wir kennen mindestens acht. Beim Gasthof zum Pflug mit dem großen Garten begannen der Stadtgraben und die Fronackerstraße. Hier steht heute das moderne Geschäftsviertel »Querspange« am Eingang zur Altstadt.

16

Beinsteiner Torturm mit Remsbrücke und Weingärtnervorstadt (1899). Die Neujahrskarte gehörte zu den frühesten Erzeugnissen der Kartenindustrie. Bis 1905 war auf der postalischen Seite nur die Adresse möglich. Deshalb sind damals die Bildseiten beschrieben worden.

17

Gruß aus Waiblingen (1901) von einer Stammtisch- oder Vereinsrunde. Die Stadtansicht vom Hochwachtturm über den Stadtgraben und die Spitalgärten zur Seidenstoffweberei ist auf keiner Ein-Bild-Karte und deshalb besonders interessant. Die Villa Hess (heute Kreissparkasse) würde heute sicher unter Denkmalschutz stehen.

18

Der Künstler S. vereinigt um das Stadtwappen die beiden Kirchen (1903), rechts die »Äußere« oder »Große« Michaelskirche mit Nonnenkirchlein und Kirchbrücke über die Weidach, links die »Innere« oder »Kleine« Nikolauskirche. Seit 1945 sind nur noch die alten Schutzheiligen die Bezeichnungen der Kirchen.

Blick vom Rosberg auf die Altstadt (1909), aus der die zahlreichen Türme herausragen: der Beinsteiner Torturm, dahinter die Michaelskirche, die Nikolauskirche, davor das Rathaus bis 1959, der Hochwachtturm.

Blick auf die Stadt (1913) von der Winnender Straße aus bei der Gärtnerei Widmayer. Die früher von Hochwasser gefährdete und deshalb baufeindliche Talaue der Rems erhielt bis in unsere Zeit die alte Stadtsilhouette. Die Rems bestimmte über Jahrhunderte das Stadtbild.

WAIBLINGEN, RATHAUSPLATZ

Rathausplatz (1901). Links das Rathaus von 1875 (abgebrochen 1959), Tuchmacher Widmayer und Nikolauskirche mit altem Aufgang (vor 1904); rechts Buchbinder Heß mit Buchhandlung, das Oberamt (1730–1956) und die Obere Apotheke (seit 1956: Rathausapotheke). Rechts steht heute das moderne »Marktdreieck« (1974/76).

22

Der Rathausplatz (1909) mit dem neuen Aufgang der Nikolauskirche. Die Oberamtei – mit Garten – beschäftigte im ersten Stock drei Beamte; im zweiten Stock wohnte der höchste Bezirksbeamte, der Oberamtmann (ab 1929 der Landrat). – 1958 bezog das Landratsamt den Neubau am Alten Postplatz.

23

Nikolauskirche

Die Nikolauskirche erhielt 1905 einen neuen Treppenaufgang. Rechts die Obere Apotheke von Marggraff (vor 1918). Der Apotheker hatte das Durchgangsrecht bei Tuchmacher Widmaier (links) zum Apothekergarten unter der Kirche über der Stadtmauer.

Feuerwehrgerätehaus im Rest des ehemaligen herrschaftlichen »Großen Fruchtkastens«, den die Stadt 1862 erworben hatte. Für den Rathausplatz, bis etwa zur Jahrhundertwende Schloßplatz genannt, wurde 1957 das Gebäude abgebrochen. Darunter liegt der große Schloßkeller vom 1634 zerstörten württembergischen Schloß.

Gasthof zum Adler (1903). Er war im Besitz der Familie Kienzle (1825–1919). Mit dem Einbau des Adlersaales (1898) wurde der Adler das führende Lokal. Hier verkehrten die Honoratioren aus nah und fern; hier fanden die Familienfeste, Vereinsfeiern und Parteiversammlungen der bürgerlichen Gesellschaft statt.

26

Der Marktplatz von Westen vor 1909. Das Gebäude links mit dem barocken Erker war von 1819 bis 1909 Amtsgericht, daneben das Schillerhaus, dann die ehemalige Vogtei (1655–1730); im Hintergrund das ehemalige Dekanat und hinter dem Marktbrunnen der Geistliche Fruchtkasten, rechts das »Alte Rathaus« mit Türmchen.

27

WAIBLINGEN. Marktplatz.

Der Marktplatz von Osten (vor 1923). Die Geschäftshäuser haben nun fast alle Schaufenster. In den Magazinräumen im Alten Rathaus (links) wurden 1923 weitere Schulräume eingebaut. – Heute ist die Arkadenhalle freigelegt und in den früheren Ratszimmern im ersten Stock befindet sich eine moderne Gaststätte (1978).

Das Alte Rathaus bis 1875 (1725/30 erbaut) am Marktplatz, nach Ausbau des Erdgeschosses mit Arkadengang (1923) und Freilegung des Fachwerks (1928). Der Röhren- oder Marktbrunnen mit der Justitia aus dem Jahre 1688; er wurde früher aus der »Wasserstube« gespeist.

Untere Apotheke mit Zachergedenkstein über dem Schaufenster; davor der Marktbrunnen mit Justitia (1933).

Kleiner Fruchtkasten, Kurze Straße 31. Darin war von 1877 bis 1957 das »Kinderschüle«, der 1. Kindergarten.

Reste des Bandhauses des ehemaligen württembergischen Schlosses (1634 zerstört) neben dem Ev. Dekanat, Kurze Straße 25 (seit 1960 Heimatmuseum); ab 1862 Dekanatsgarten, dahinter die Mauerschule auf der Stadtmauer. – Hier steht seit 1959 ein Teil des heutigen Rathauses.

Waiblingen — *Partie an der Stadtmauer*

Die Zeit scheint hier still zu stehen. Wehrgang mit siebenhundertjährigem Gebälk. Nur in wenigen altwürttembergischen Städten ist die mittelalterliche Wehranlage noch so gut erhalten wie in Waiblingen. Leider ist sie nicht überall so zugänglich wie hier der Mauergang über dem Bädertörlein.

Untere Lange Straße beim »Löwen« und Kaffee »Schätzele« (rechts) mit Beinsteiner Torturm von der Innenseite.

Beinsteiner Torturm (1909) mit Eberhardwappen von 1491. Erst 1928 erhielt die Brücke Gehsteige für Fußgänger.

Stadtmauerpartie (1913), lange ein bevorzugtes Motiv. Links »das alte Haus auf der Mauer« (die älteste Lateinschule), dann die Mauerschule (die älteste »deutsche Schule«), der Beinsteiner Torturm; vor dem Mühlkanal die Erleninsel, nun öffentliche Grünanlage.

Nikolauskirche (1906), dahinter das Rathaus mit Türmchen (1875–1959) auf dem ehemaligen Schloß-, heute Rathaus-gelände; davor die beiden alten Schulhäuser, die Stadtmauer und der Mühlkanal.

Der »romantische« Aufgang zur Nikolauskirche mit dem Storchennest war immer ein bevorzugtes Malermotiv.

Nikolauskirche, 1905 neugotisch im Innern renoviert – Stuckkanzel von 1676.

Waiblingen. Stadtmauer mit rundem Turm

Waiblingen a. d. Rems

Badende Kinder im Mühlkanal vor dem Bädertörlein unter
dem Wehrgang (1911).

Reste eines Rundturms der ehemaligen Stadtbefestigung in
der Sachsenheimer Gasse (vor 1930).

Ostseite des Hochwachtturms auf der höchsten Stelle der Altstadt – mit dem alten Zehnthofbrunnen.

Der Hochwachtturm, mit wahrscheinlich staufischen Grundmauern, von der »Fuggerei« aus (1913).

WAIBLINGEN. *Fuggerstrasse mit Kath. Kirche.*

Katholische Pfarrkirche in der Fuggerstraße (1926). Die Katholische Kirchengemeinde besteht seit 1888, eine Pfarrei seit 1899. Der Betsaal von 1897 wurde 1907 zu einem Kirchlein erweitert. – An dieser Stelle ist 1952/53 die heutige St. Antoniuskirche erbaut worden.

39

Blick von den Spitalgärten auf die Grabenstraße (1902). »Das hohe Haus« Fuggerstraße 1 (Fuggerhaus?) gegenüber der Hochwacht ist 1903 durch Brandstiftung vernichtet worden. Vorn entstand im Buhlschen Garten 1905 das Ev. Vereinshaus, das 1968 für das Geschäftsviertel »Querspange« abgebrochen worden ist.

Das Vereinshaus in der Fronackerstraße wurde 1904/05 erbaut. Es war nicht nur Zentrum der Ev. Kirchengemeinde, sondern auch des kulturellen Lebens und der sozialen Fürsorge. Beliebt waren die billigen Mittagstische und Unterkünfte des Verwalters. Es war der Vorgängerbau des Jakob-Andreä-Hauses (1966).

Die Christuskirche in der Blumenstraße wurde von der Ev.-methodistischen Gemeinde 1927 erbaut. Ihr Zentrum war zuvor das »Missionshaus«, Beinsteiner Straße 11. Die Ausführung von Kirche und Wohnhaus entspricht ganz dem Entwurf des Architekten.

Hadergasse ca. 1913 (von Hauderer = Fuhrleute?). Damals überwogen noch die Bauern und Weingärtner in der Stadt.

Lange Straße, der Eingang zur Altstadt vom Postplatz her, links der Gasthof zum Waldhorn (heute: »Querspange«).

43

Blick vom Hochwachtturm auf die Michaelskirche und in das noch nicht zersiedelte Remstal. Über den korrigierten Remslauf (1931/36), noch ohne Uferbepflanzung, führen die neue Umgehungsstraße der »Reichsstraße« 14 und der zweite Luisensteg (1934).

44

Ansicht vom Hohen Rain aus (1907), noch vor Anlage des Luisenplatzes und der Villa Roller (1911) an der Schorndorfer Straße. – Volksschule, Michaelskirche, Nikolauskirche, Burgermühle; rechts vorn: das erste Wasserpumpwerk für die Ziegeleien am Bahnhof.

Das Kriegerdenkmal für die Gefallenen von 1914/18 in der Luisenanlage wurde 1922 aus Spenden der Bevölkerung aufgestellt. Die 7400 Einwohner hatten 246 Kriegsopfer zu beklagen. Das Mahnmal schuf Bildhauer Zeitler vom Künstlerbund Stuttgart. Die Besatzungsmacht ließ 1945/46 die mehrköpfige Hydra entfernen.

Leichenzug im Ersten Weltkrieg. Beerdigung eines kriegsgefangenen Franzosen, der im Lazarett gestorben war, durch das Waiblinger Rote Kreuz (hier: bei Alter Postplatz 13 »Schmied-Fischer«). Die öffentlichen Trauerzüge durch die Stadt wurden am 1. Oktober 1936 eingestellt.

Am Turm der Michaelskirche beim Nonnenkirchlein (ca. 1930). Die elf Epithaphien, die vom einstigen Kirch- bzw. Friedhof (bis 1837) übriggeblieben sind, mußten wegen Verwitterungserscheinungen 1974 abgenommen werden. Vorn das Grabmal von Oberst Dehl, unten die beiden Zachersteine.

Blick von der Mühle auf die spätgotische dreischiffige Michaelskirche (von 1459/89), das Nonnenkirchlein (1491) und die Volksschule am Postplatz (1902) mit der Neuanlage des Schulhofes, vorn die Kirchbrücke über die Weidach. Die einst bewehrte »Große Kirche« steht außerhalb des Stadtkerns.

49

WAIBLINGEN, VOLKSSCHULGEBÄUDE,

Verlag v. Wilh. Pastetenbecker Waiblingen.

P & T D.

Das Volksschulgebäude bei der Michaelskirche ist 1901/02 im ehemaligen Kirchhof erbaut worden. Der Entwurf des Architekten wurde schon vorher als Postkarte verkauft (1901). Bei der Planung war der 2. Stock für Lehrerwohnungen vorgesehen. Damals hatte Waiblingen 5500 Einwohner.

50

Einweihung der neuen Volksschule im »wilhelminischen Baustil« an der Schorndorfer Straße am 25. August 1902. Die Schule hatte damals 631 Schüler in neun Klassen. Gleichzeitig wurde eine Mädchenmittelschule eröffnet, die heutige Realschule. Mit der Einweihung war ein großes Kinderfest verbunden.

Städt. Turnhalle (1917), vom Turnverein e. V. 1862 veranlaßt, aber von der Stadt 1903/04 erbaut, um das Schulturnen zu fördern. Seit dem Bühnenanbau im Jahre 1949 wird sie als Turn- und Festhalle verwendet. – Dahinter ist die alte Latein- und Realschule (bis 1928), Kurze Straße 51, deutlich erkennbar.

Jubiläumsfeier des Männergesangvereins in der Turnhalle (1885–1910). Verhältnismäßig früh wurde der Männerchor durch einen Frauenchor erweitert (1927). Der heutige Philharmonische Chor setzt die Tradition fort – Vereinsfeiern fanden bis 1938 meist in Wirtschaftssälen, nur selten in der Turnhalle statt.

Kapelle des Musikvereins Waiblingen.

Der Musikverein wurde 1888 gegründet. Nach einer Unterbrechung konstituierte er sich 1906 neu. Auch legte er sich eine Tracht zu. Der Verein wurde 1913 vom Gemeinderat als Stadtkapelle anerkannt – heute: Städtisches Orchester.

Blick von der Anhöhe über dem Postplatz (1914). Im Vordergrund das von Ziegler Bihl erbaute Wohnhaus an der alten Schorndorfer Straße 2; hinter dem Baum die Schmiede Fischer; am rechten Rand die Turnhalle; dahinter die Latein- und Realschule; am linken Rand das Ev. Vereinshaus mit drei Giebeln; dahinter die »Fuggerei«.

55

Waiblingen.

Der Postplatz (vor 1905). Rechts der Gasthof zur Post, einst die Posthalterei; im Gebäude dahinter, Schorndorfer Straße 3, war von 1882 bis 1902 das erste Postamt in Miete; daneben der »Stern« am Eingang zur Langen Straße; links das »Waldhorn«, heute die moderne »Querspange«.

Die untere Bahnhofstraße (1903) zum Postplatz hin mit der Villa Hess von 1896/97, wo heute die Kreissparkasse steht (1955); rechts die Villen Ehmendörfer und Starker. Aus dem Villenviertel wurde inzwischen ein Bankenviertel. Im Hintergrund sind die »Alte Post« und die Michaelskirche erkennbar.

57

Bahnhofstraße (1907); im Hintergrund links das Postamt, vorn die Einmündung zur Albert-Roller-Straße (früher Gartenstraße). Die Villa mit dem Türmchen von 1868 wurde für das Geschäftshaus K 4 abgebrochen (1975). In dem Türmchen auf dem Postamt liefen alle damals offenen Telefonleitungen zusammen.

Das Postamt, 1901/02 erbaut, in der Bahnhofstraße (1908). Später erhielt das Postamt auf der unteren Seite einen symmetrischen Anbau (1931). Die Vorgärten und Zäune wurden zwischen 1950 und 1960 zur Verbreiterung der Straße entfernt. Hier fließt heute fast vierspurig der Verkehr.

Die Ziegelei und Tonwarenfabrik Pfander in der Bahnhofstraße 7-9 (1909) mit Kamin von 1878. Die Ziegelei war 1844 von Jakob Bihl gegründet worden (bis 1863). Nach der Jahrhundertwende entstand daraus eine Baustoffhandlung. Heute steht hier ein Geschäfts- und Wohnhaus (1954/55) mit Omnibushaltestelle.

Waiblingen im Winter (ca. 1930), vorn die Bahnhofstraße bei der Kreuzung Blumenstraße. Der Güterbeförderer unterhielt noch Pferdefuhrwerke. Im Hintergrund die Obsthalden der Korber Höhe, dahinter der Korber und der Kleinheppacher Kopf.

Neues Amtsgericht

Waiblingen, Bahnhofstrasse

Das neue Amtsgericht ist im April 1909 bezogen worden. In dieser Zeit wurden die Baulücken zwischen Postplatz und Bahnhof teilweise geschlossen. Das Gericht befand sich vorher in der Stadtmitte, im Gebäude am Marktplatz 1. Im Hintergrund die heute überbauten Obsthalden der Korber Höhe.

Bei der Prüfung des ersten Helferinnenkurses in Waiblingen am 12. April 1913 war die Protektorin des Württ. Landesvereins vom Roten Kreuz, Königin Charlotte, trotz Schneegestöbers anwesend. Hier begibt sie sich vom Amtsgericht, wo die Prüfung stattgefunden hatte, in ihre Staatskarosse.

Stadtansicht von Süden, rechts die Bürgermühle. – Fuggerstraße mit Kath. Notkirche von 1907. – Die obere Bahnhofstraße; im 2. Gebäude Nr. 64 von 1910 war zunächst ein Bahnhotel, bis es 1918 die Amtspflege kaufte. Von 1922 bis
1955 war hier der Sitz der 1894 gegründeten Oberamts- bzw. Kreissparkasse.

Kinderheim Waiblingen

Kinderheim beim alten Bahnhof. Der 1877 in Stuttgart gegründete Verein von Kinderfreunden verlegte sein Heim 1883 in die alte Bahnhofsgaststätte. – Heute gehört das Kinderkrankenhaus mit Kinderheim als Eigenbetrieb zur Ev. Diakonissenanstalt Stuttgart.

Stadtansicht, vom Remstal aus, von Michaelskirche bis zum Alten Rathaus, im Vordergrund die Erleninsel. Der Bahnhof von 1876 auf der Remsbahnseite hat sich bis heute kaum verändert; er wird 1980 abgebrochen. Rechts der Gasthof zum Bahnhof mit beliebter Gartenwirtschaft (ca. 1904).

Bahnhof von 1876 auf der Remsbahnseite mit dem gesamten Personal (ca. 1908). In Waiblingen trennen sich die Remsbahn (seit 1861) und die Murrbahn (1876). Die gesamte Bahnanlage und der Bahnhof werden gegenwärtig erneuert und für die S-Bahn erweitert.

Restauration zum
Goldenen Falzziegel

Aktienziegelei

Die Aktienziegelei beim Bahnhof (vor 1918), später Schoferkamin- und Ziegelwerke (1925). Waiblingen galt wegen seiner bekannten Ziegeleien als »Stadt des guten Tons« und ist seit 1907 die Heimat der weltbekannten Schoferkamine. Die Ziegelei war die Gründung einer Stuttgarter Baugesellschaft.

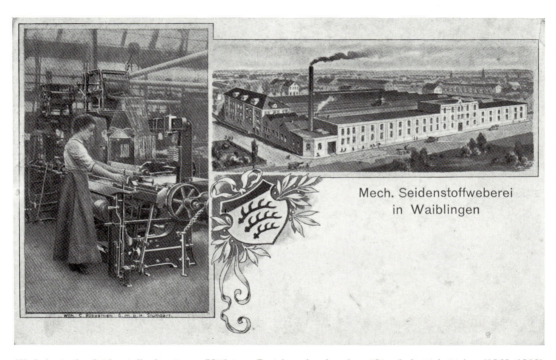

Mech. Seidenstoffweberei
in Waiblingen

Werbekarte der Seidenstoffweberei zum 50jährigen Bestehen des damals größten Industriebetriebes (1860–1910).
Er beschäftigte um die Jahrhundertwende ca. 1000 Personen und hatte ein Zweigwerk in Zweibrücken. Der Betrieb ist
1971 nach 111 Jahren stillgelegt und für die Wohnsiedlung »Im Kern« abgebrochen worden.

Brand der Ziegelei am Postplatz am 7. Oktober 1925. Das Hauptwerk war um die Jahrhundertwende zum Bahnhof verlegt worden. Heute steht hier am Alten Postplatz die Kreisverwaltung. Solche eindrucksvollen Aufnahmen vertrieben die Fotografen.

Albert Roller, Werkzeug- u. Werkzeugmaschinen-Fabrik, Waiblingen.

Werbekarte der Firma Albert Roller an der Schorndorfer Straße. Die Stadtsilhouette ist hier einfach in den Hintergrund gesetzt worden. Der älteste metallverarbeitende Betrieb, 1899 in der Gartenstraße gegründet, baute 1907 die Fabrikanlage für 200 Beschäftigte (1913).

Waiblingen, Steg über die Rems

Federzeichnung von A. Aldinger, Burgholzhof

Luisensteg. Fabrikant Ferdinand Küderli stiftete zum Gedächtnis seiner verstorbenen Frau Luise geb. Hitz die nach ihr benannte Luisenanlage (1910). Die Hinterbliebenen von W. Ehmendörfer und K. Heß ließen den Remsweg und den Holzsteg anlegen. Bei der Remskorrektion (ca. 1931/34) mußte der Steg erneuert werden.

Waiblingen. Luft- und Schwimmbad

Das Waiblinger Freibad galt bei seiner Eröffnung am 18. Mai 1936 als »das modernste süddeutsche Freischwimmbad«. Inzwischen wurde es mehrmals erweitert und verbessert. Es war damals Vorbild für das Höhenfreibad auf dem Stuttgarter Killesberg.

73

Die Rems trat vor der Korrektion ihres Flußbettes (ab 1928) sehr oft über ihre Ufer und überschwemmte die Talaue und die unteren Stadtteile. Besonders große Hochwasser waren in den Jahren 1919, 1920 und 1931. An Weihnachten 1919 waren zwei Überschwemmungen in einer Woche.

Bei den Hochwassern hatten vor allem die Bewohner der Unterstadt zu leiden. Knietief stand das Wasser in der unteren Lange Straße. Dabei gab es immer Schaulustige. Da die Lokalpresse noch keine Bilder veröffentlichte, stellten Fotografen Postkarten her.

Weiblingen - Remseiter

phot. Hommel

Der idyllische Platz mit Nikolauskirche und Rathaus, dahinter das ehemalige Oberamt (ca. 1930), wird heute vom neuen Rathaus (1959) und Marktdreieck beherrscht. Hier stand einst das württembergische Grafenschloß, das 1634 zerstört worden ist.

76

Remspartie mit Nikolauskirche und Hochwachtturm (1917). Die »Sonntagsseite« der Stadt von Osten blieb durch die Rems über Jahrhunderte erhalten. Der Fluß erscheint auf den Aufnahmen meist übertrieben groß. Die Erleninsel (rechts) ist jetzt in eine städtische Grünanlage umgestaltet worden.

Waiblingen — Partie an der Rems

39325

Blick von der inneren Remsbrücke auf den Mühlkanal (1912). Hier hatten die Gerber, eines der bedeutendsten und ältesten Gewerbe, zum Teil ihre Werkstätten. Bis 1914 gab es in der Stadt noch zehn Rot- und einen Weißgerber. Danach ist das Handwerk nach und nach abgegangen.

Remspartie unterhalb des Beinsteiner Torturms (1904) mit dem Wasen (links), dem Remswehr, das 1928 entfernt worden ist, und Gebäude der Weingärtnervorstadt (rechts), die inzwischen für Parkplätze abgebrochen worden sind.

Gruss aus Waiblingen

Partie an der Rems

Verlag: A. Winkle, Photograph, Stuttgart

Vor dem Beinsteiner Torturm mit den beiden Remsbrücken (vor 1905); links die Gasthäuser »Schwanen« und »Anker«, rechts »Zur Brücke«, vor dem Neubau des Gebäudes im Jahre 1909, das ein Kaufhaus werden sollte. Die eiserne »äußere Brücke« wurde bei der Remskorrektion von 1928 durch eine steinerne ersetzt.

Neben der äußeren Remsbrücke bestand bis 1928 eine Furt durch die Rems.

Das Spezereigeschäft Wilhelm Eisele an der Winnender Straße versorgte die Familien im »Forst«.

81

Die Kelter von 1732 vor dem Beinsteiner Tor. Der Steigerturm der Feuerwehr erhielt 1912 ein Dach. Die Kelter wurde 1955 für das heutige Feuerwehrgerätehaus abgebrochen. Die Aufnahme entstand anläßlich der Neuorganisation der Feuerwehr im Jahre 1910. Die Kelter wurde vor 1904 auch als erste Turnhalle benutzt.

Die Teilansicht der Stadt scheint vom Steigerturm der Feuerwehr an der Kelter aufgenommen worden zu sein. Hinter der äußeren Remsbrücke ist der Kegelplatz gegenüber dem Schwanen erkennbar (1910). Die übrigen Motive erschienen auch als Einzelkarten.

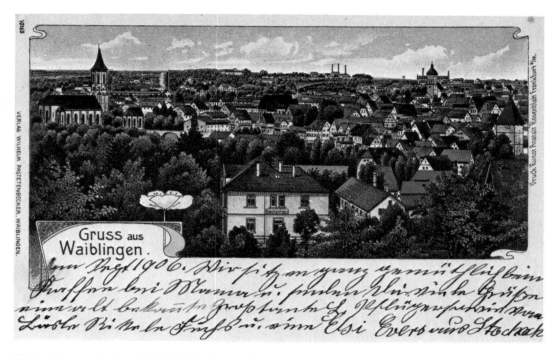

Stadtansicht vom Rosberg (1906). Im Vordergrund das Bezirkskrankenhaus von 1874, das von 1914 bis 1919 ein Vereins-Lazarett des Roten Kreuzes war. Deshalb wurde das Motiv häufig nachgedruckt. – Für den Neubau des heutigen Kreiskrankenhauses wurde dieser Altbau 1961 abgebrochen.

84

Sanitätskolonne Waiblingen. Der Ortsverein vom Roten Kreuz von 1870 ist einer der ältesten Vereine in der Stadt. Seine aktive Sanitätskolonne (Nr. 64) wurde 1927 gegründet – hier wahrscheinlich beim Maiumzug von 1933.

Waiblingen mit neuem Krankenhaus und Korber Kopf

phot. P.Hommel

Das neue Krankenhaus (1927/29), nach dem Architekten »Döckerbau« genannt, fand man mit seinem Flachdach als Musterbau in vielen deutschen Zeitungen und Illustrierten abgebildet. Der Neubau löste eine internationale Diskussion aus. – 1962 ist der Döckerbau für das Kreiskrankenhaus abgebrochen worden.

WAIBLINGEN. KGL. FORSTHAUS MIT WINNENDERSTRASSE

Einst Sitz des Rittergutbesitzers Freiherr von Baldungen, ab 1866 Forstamt des Hofkameralamtes. 1926 richtete Schlossermeister Karl Schäfer im Wirtschaftsgebäude eine Autowerkstätte mit Tankstelle ein. Nach dem Bau der Umgehungsstraße für die B 14 entstand hier die verkehrsreiche »Schäferkreuzung«.

Waiblingen vom Flugzeug aus

Eine frühe Luftaufnahme (ca. 1934) mit den ersten Großbauten. Am Horizont das Krankenhaus (1929) und die noch leere Umgehungsstraße (1934), nach links die Frauenarbeitsschule (1929) und Realschule (1928); nach rechts die Ortskrankenkasse (1930); vorn die obere Bahnhofstraße; die Grünflächen sind heute alle überbaut.

Beinstein

Gasthaus zum Rössle, von K. Treiber

Waiblingen-Beinstein. Das ehemalige Straßendorf hatte um die Jahrhundertwende 760 Einwohner. Seit 1972 ist Beinstein eine Ortschaft von Waiblingen mit modernen Wohnsiedlungen und hat nun 3300 Einwohner. Der Fachwerkbau des Rathauses ist von 1582. Die Remstalquelle kennt man als Mineralwasser seit 1442.

Panorama Bittenfeld

Gemischtes
Warengeschäft
von
Albert
Böhringer

Neues Schulhaus

Gruss aus Bittenfeld

Waiblingen-Bittenfeld liegt abseits der großen Straßen (1913). Das ehemalige Bauerndorf hatte um die Jahrhundertwende 1000 Einwohner. Der Ort wurde 1975 eingegliedert. Heute hat die moderne Ortschaft etwa 3800 Einwohner. Das abgebildete Schulhaus von 1913 ist jetzt Rathaus.

In der Sonne zu Bittenfeld Von Hanns Baum

Der Vater unfres Schiller ward geboren
in diesem Hause. Das ist lange her!
Es hat vom Alten manches schon verloren:
Der Ofen für die Brezeln ist nicht mehr!
Hier ging er ein und aus, der Bäckerknabe;

er wollte hoch hinaus und ward Barbier;
er griff schon früh zu seinem Wanderstabe
und strich umher durch jegliches Revier!
In Marbach seine Dorisfrau ihm schenkte
den Knaben Fritz, der uns den Tell gebar,

den Mann der alle Blicke auf sich lenkte
und dessen Vater unfer Landsmann war.
Noch lacht die Sonne, wie dereinst vor Zeiten,
der Geist der Alten lebt noch wie zuvor,
ich sehe seine Schwingen mich umbreiten,

wenn das Geschlecht sich leider auch verlor.
Das Angedenken bleibt für alle Tage . . .
ein Großes kann entstehn aus kleiner Welt;
und ward der Schillervater auch zur Sage:
sein Sonnenhaus steht noch in Bittenfeld!

Neustadt, Waiblingen (Marktplatz 3) und Bittenfeld sind die Heimat der Schillervorfahren über sechs Generationen. Sie waren alle Bäcker und Gerichtsverwandte, der Großvater Schultheiß. Eine Gedenktafel von 1905 erinnert daran, daß Schillers Vater 1723 in Bittenfeld geboren worden ist.

Gruss aus Hegnach.

Gasthaus zur Krone.

Hardt. Schiessplatz.

Kirche u. Pfarrhaus.

Viaduct.

Hauptstrasse.

Waiblingen-Hegnach. Die ehemalige Arbeiterwohngemeinde von 700 Einwohnern hat sich in den letzten Jahrzehnten sehr entwickelt, ist seit 1975 eine eingegliederte Ortschaft und zählt heute 4200 Einwohner. An Stelle des alten Rathauses in der Hauptstraße steht heute ein modernes Dienstleistungszentrum.

Waiblingen-Hohenacker – eine Künstlerkarte (1907). Das ehemalige Bauerndorf hatte um die Jahrhundertwende 500 Einwohner. Der abgebildete Ortskern ist inzwischen saniert worden. Die 1975 eingegliederte moderne Ortschaft zählt heute 3400 Einwohner.

NEUSTADT bei Waiblingen   Gasthaus zur Krone v. Fr. Stock

Waiblingen-Neustadt. Um 1900 hatte das Dorf 1000 Einwohner. In der Kirche wurden 1955 bedeutende Fresken freigelegt. Die 1975 eingegliederte moderne Ortschaft zählt heute 5000 Einwohner. Die in Neustadt hergestellten Motorsägen sind weltbekannt.

Bei der 1683 entdeckten Badquelle oberhalb der Neustadter Mühle (heute Fabrik) baute 1819 der Gastwirt Schuler ein Badgebäude. Der idyllische Platz wurde Treffpunkt schwäbischer Dichter um Oberamtsrichter Karl Mayer. 1895-1926 diente Bad Neustädtle als Erholungsheim der Ortskrankenkasse Stuttgart.

Deutschland in alten Ansichtskarten

70 bis 130 teilweise farbige Ansichtskarten von 1880–1930
in Originalgröße, 21 x 15 cm, bis 128 Seiten, bedruckter Vorsatz,
gebunden mit Goldprägung, DM 19,80 bis 24,80

Aachen · Aschaffenburg · Baden-Baden · Bamberg · Bayreuth · Bielefeld · Bremerhaven · Breslau
Bromberg · Chemnitz · Coburg · Danzig · Darmstadt · Dortmund · Dresden · Düsseldorf · Eichstätt
Erlangen · Esslingen · Rund um den Feldberg/Ts. · Frankfurt/Main · Frankfurt-Bornheim
Frankfurt-Sachsenhausen · Freiburg · Freudenstadt · Gelsenkirchen · Gießen · Bad Godesberg
Göppingen · Göttingen · Hamburg · Hanau · Hannover · Heidelberg · Heidenheim · Bad Hersfeld
Holstein · Ingolstadt · Jena · Karlsruhe · Kassel · Kiel · Köln · Königsberg · Leipzig · Ludwigsburg
Ludwigshafen · Mainz · Mannheim · Marburg · Minden · Mülheim I · Mülheim II · München
Bad Nauheim · Neuss · Offenbach · Ostpreußen · Paderborn · Pforzheim · Prag · Reutlingen
Saarbrücken · Sachsen · Schlesien · Schleswig (Landesteil) · Schwäbische Alb · Schwäbisch Gmünd
Starnberger See · Stauferburgen · Stettin · Stuttgart I · Stuttgart II · Trier · Ulm · Waiblingen
Wiesbaden · Würzburg · Wuppertal

FLECHSIG VERLAG FRANKFURT AM MAIN